OXFORD, CAMBRIDGE

LA MUSIQUE ET LES LETTRES

PAR

STÉPHANE MALLARMÉ

PARIS

LIBRAIRIE ACADÉMIQUE DIDIER

PERRIN ET Cie, LIBRAIRES-ÉDITEURS

35, QUAI DES GRANDS-AUGUSTINS, 35

à Jean Moréas

Comme un enivrement de menthe
de

Il a été imprimé

10 exemplaires numérotés sur papier de Hollande
Van Gelder

OXFORD, CAMBRIDGE

LA MUSIQUE ET LES LETTRES

DU MÊME AUTEUR :

VERS ET PROSE, morceaux choisis, avec un portrait par James Mc Neill Whistler : 2ᵉ édition, prix, 3,50.

POÉSIES COMPLÈTES, photogravées sur le manuscrit, avec exlibris de *Rops :* 1ᵉʳ cahier, en 9 fascicules ; prix, 100 francs (épuisé).

LES MÊMES (à paraître) chez Deman, Bruxelles.

A part : *l'Après-Midi d'un Faune*, édition originale, avec illustrations de Manet ; prix, 25 francs (épuisé).

PAGES, avec frontispice de *Renoir :* 1ᵉʳ cahier, chez Deman ; prix, 15 francs.

LES POÈMES DE POE, avec fleuron et portrait par *Manet*, chez Deman : prix, 15 francs.

A part : *Le Corbeau*, avec illustrations de *Manet ;* prix, 25 fr. (épuisé).

VILLIERS DE L'ISLE-ADAM, avec portrait gravé par Desboutin ; chez Lacomblez, Bruxelles ; prix, 3 francs.

LE TEN O'CLOCH DE M. WHISTLER (prochaine réimpression de). Traduction par Stéphane Mallarmé.

VATHEK, de *BECKFORD*, avec Avant-dire et Préface (réimpression du) chez Perrin, Paris : prix, 3 fr. 50.

Les éditions ci-dessus désignées de ses œuvres sont seules conformes à la volonté de l'Auteur et faites par ses soins.

OXFORD, CAMBRIDGE

LA MUSIQUE ET LES LETTRES

PAR

STÉPHANE MALLARMÉ

PARIS
LIBRAIRIE ACADÉMIQUE DIDIER
PERRIN ET Cie, LIBRAIRES-ÉDITEURS
35, QUAI DES GRANDS-AUGUSTINS, 35
1895
Tous droits réservés

DÉPLACEMENT AVANTAGEUX

Comme ce devient difficile au Français, [p]erplexe en son cas, de juger les choses [à] l'étranger! Un tel vague, sans même la [b]rume, je le rapporterais d'Angleterre. Invi[té] à « lecturer » devant Oxford et Cam[b]ridge et, la politesse rendue en visites [au]x merveilles présentées par ces très [p]articuliers séjours — l'un imposant peut-[êt]re, intime l'autre, entre qui pas de [ch]oix — reste à extraire une conclusion [a]yant cours.

La promenade connue cesse au pénétrant, enveloppant Londres, définitif. Son brouillard monumental — il ne faudra le séparer de la ville, en esprit ; pas plus que la lumière et le vent ne le roulent et le lèvent des assises de matériaux bruts jusque par-dessus les édifices, sauf pour le laisser retomber closement, superbement, immensément : la vapeur semble, liquéfiée, couler peu loin avec la Tamise.

Une heure et quart, de trains, vers les cités savantes ; j'avais une raison.

Rapprochez, par ouï-dire, des collèges de tout style en une telle communion, l'étude, qu'à leur milieu rien de discordant, moyen-âge, Tudorien, aéré de prairies à vaches et à cerfs, avec eaux vives, propres à l'entraînement : la Grande-Bretagne s'adonne à l'élevage athlétique de ses générations. L'Université lie ces couvents ou clubs, legs princiers, libéralités.

Tout — que la jeunesse abrite sa croissance dans l'architecture de pensifs locaux, serait simple, avec même la côtoyant, en aînés, une présence d'hommes, uniques par l'Europe et au monde, qui, à mon sens, domine la pierre historiée comme je fus surtout étonné d'eux. Aujourd'hui, choisissant, à parfaire, une impression de beauté, véritablement la fleur et le résultat ce sont les *Fellows*.

Chaque logis collégial séculairement isole un groupe de ces amateurs qui se succèdent, s'élisant. Une vacance : « un tel (conviennent-ils) à Londres, quelque part, pourrait être des nôtres », vote, on l'appelle. Cette condition, l'élu, universitairement gradué. Il n'aura, la vie durant, qu'à toucher sa prébende. Invariablement. Préfère-t-il, lui — à la méditation contre une quotidienne vitre, quelque paysage britannique; ainsi qu'à compulser, dans le fauteuil convenu, un des tomes épaississant sa muraille puis hanter au réfectoire ample comme une cathédrale, bâtie sur une inestimable cave : il le peut ou même trouvera sa pension, voyageur, en quelle banque d'Italie ou du globe. La plupart séjournent, respectant la clause de ne vivre mariés à l'intérieur de monastères de science. Mieux qu'ailleurs se mène l'expérience ou la découverte; j'y sais le prosateur ouvragé par excellence de ce temps. Sans marché passé voire tacitement, en toute liberté. Ce trait le capital. Un renoncement, facultatif, à l'époque, accompagne la sinécure : nommé en tant que quelqu'un, la seule loi, qu'on persiste, les moyens offerts excepté l'adversité. Luxe, d'exalter chez autrui la conscience de précieux semblables, pas tout à fait inutile.

Nous crierons au scandale.

Pour que cette exception, dont me suit le charme, fonctionne, ordinaire, élégante, hautaine, se doit un sol traditionnel introublé : le même, où halètent des provinces de fer et de poussier populeuses, supporte la jumelle floraison, en marbres, de cités, construites pour penser.

Notre échafaudage semble agencé provisoirement en vue que rien, analogue à ces recueillements privilégiés, ne verse l'ombre doctorale, comme une robe, autour de la marche de quelques messieurs délicieux.

Un motif convient, pour se priver ainsi : défiance, où poind un instinct de claire justice. La conception anglaise atteste une générosité sociale différente.

L'Académie, ici, ne se compare ; ses desseins, statuts.

Si près de la dispersion et de l'été, j'aime, ces refuges que je dois oublier, les fixer (d'accord, ils ne sont pas à notre gré) : et que ne se fasse, sans une équivalence pour quelques-uns et moi, le mental adieu.

Du passé, cela enrichi, vis-je au départ, d'un recommencement, avec la saison, de prochains couchers — perpétuel: comme le concept de Cloîtres. Répugnance chez la démocratie: dans le cas, nous abolissons, nions, jetons bas. J'insiste sur le mot *du passé* — il aide à se dégager, avec soupir, d'une leçon, majestueuse comme un chœur; qui ne se taira — ni l'intonation d'un Fellow disert toujours, avec aptitude, sur des sujets français, fins, littéraires pour peu qu'il en reste — indéniablement, à cette date du printemps en cent ans, et plus! Alors je me demande si de pareilles institutions, neutres à la brutalité qui en battrait le mur, ne *demeurent* d'autre part comme qui dirait *en avance*: certes si, élan d'un gothique perpendiculaire, la basilique là-bas du « Jesus » ou cette vigilante tour de « Magdalen », hors de jadis ne surgissent — quant à un spectateur impartial — très droit délibérément en du futur.

Moi-même y contredis, en ce qui est de chez nous, imbu de je ne sais quelle hostilité contre les états de raretés sanctionnés par les dehors, ou qui purement ne sont l'acte d'écrire : je rentre mes aspirations à la solitude nécessaire quand ce ne serait que pour paraître songer. Il faut cette fuite — en soi ; on put encore : mais, soi, déjà ne devient-il pas loin, pour se retirer ?

Voici d'avant cette excursion et de toujours, que me poursuit un avis à notre usage, éveillé au contact étranger ; certes, banal, peut-être, pour cette cause, fréquemment l'ai-je dit de vive voix, sans m'y arrêter : aussi sa teneur trop applicable. Je confesse donner aux idées, pratiques ou de face, la même inattention emportée, dans la rue, par des passantes. Le plaisir que m'a procuré celle-ci toutefois et mille fois, émise en conversation, résulte du haut-le-corps, chez des amis hommes de grande administration ou d'État, en conséquence, aguerris, qui s'impose comme immédiat acquiescement à une vérité évidente, dont le hasard fit que personne ne s'occupât encore. Il m'intéresserait, ou l'épreuve servirait, de voir si énoncé en public, ce propos va produire pareil effet.

Très peu de paroles importe : c'est ou pas, à l'instant.

Toute nation, où brilla l'écrit (à défaut de fondations au pieux ciment que j'admirai), possède une somme, pas dénommable autrement que son « *Fonds* » *littéraire :* nous, Français. Modernement et en espèces, dégrevant l'État, pour peu qu'il se prête, d'ingérence ou sollicitude quant aux Lettres.

Le roulement, en les âges, de la gloire poétique d'un peuple ne se borne pas à la pure splendeur, il fournit, à côté, une caisse, avec les générations accrue — puisque les grands auteurs parviennent par des livres, qui se vendent.

Trésor, comparativement à l'effusion d'intelligence, lui, modique selon mes calculs et je n'en cache une satisfaction ; mais absolu : il suffit, prélevé pour le principe, à un délicat et légitime emploi.

— Je signale, que le risque manque à réimprimer nos classiques, au fur et à mesure de la demande. Le bénéfice attendu de cette entreprise doit porter sur les conditions matérielles, de luxe ou de bon marché, que dicte l'intérêt : élever un monument, divulguer. Invention de caractères, de format, illustrations, le papier d'une époque présenté au chef-d'œuvre constitue un apport propre ou monnayable. Mais il est, ici j'interviens avec assurance, quelque chose, peu, *un rien*, disons exprès, *lequel existe*, par exemple *égal au texte :* où le profit n'appartient pas au zélateur de Rabelais, de

Molière, Montesquieu et bientôt Chateaubriand — cela demeure réservé, comme un emprunt et, en probité, une minime part lui échappe. J'en veux la perception par le fisc, tuteur, en tant que redevance : réduite à des centimes ou, si le coin existait autre part que dans les consciences, à un « scrupule ».

Le jour ainsi fait sur quelque étrangeté d'un commerce, dont l'heure de rêverie loisible au cours de leur carrière n'a pas été sans impressionner le galant homme inclus en MM. les éditeurs; cet être de raison, je crois, se réjouira de comprendre ici précisé clairement l'embarras qui put le gêner. Tous, je m'en fais garant, ont, d'eux-mêmes, douté d'une spéciale largesse de la nation en faveur de leur personne — soit, qu'aient éclairé de sublimes écrivains morts, à vente certaine : mais, l'habitude acquise et une distraction prolongée au maniement de vastes affaires !

Le domaine public, où un laps révolu de cinquante ans précipite la propriété des ouvrages de l'esprit, en désaccord avec l'hérédité vulgaire, ne peut pas avoir été créé, au profit particulier d'un corps, le plus honorable, de spéculateurs.. Aux quels le présent confère un droit, supprimé pour la famille, de fils exclusifs du génie. Comme si l'écrivain avait antérieurement à sa vertu, ou d'une généralité, dérivé un bien, notre coutume, singulière et belle, pourvu que complétée, en coupe à court délai la transmission : avec cette vue, que l'héritage, passé le temps, se reporte de la filiation naturelle à la lignée par l'esprit. Ou, que ceux, jeunes, à leur tour et à leur péril, recherchant la trace de surnaturels ancêtres, si argent il y a, aient qualité à le savoir là : en raison de la signification de ce patrimoine, le seul, pour eux, convenable.

Quels, l'encouragement, prix, où affecfecter le revenu aussi bien, en l'absence de besoins, à diverses célébrations littéraires; le mécanisme (personnellement, je le connais), puis chiffrer l'infimité de la taxe applicable même aux publications scolaires : besogne, le point admis, partagée entre la Presse et le Parlement.

Une objection, elle est fausse, le lecteur achetant plus cher, les maîtres y perdront, en popularité (non : sur le gain marchand qui ne fut strict jusqu'ici, doit, autant, peser le léger impôt).

Ai-je exposé un projet? Véritablement : j'en reste là, tant le jeu sort de mon attribution ; sans regretter, parce que la trouvaille est curieuse de cet or miroitant, près la main, ainsi que la richesse comprimée à leurs tranches par le sommeil des livres. Il y a, comme on dit, à faire — une campagne : partant de ceci indiscutable.

Tout voyage se passe après, en esprit, il vaut, par recherche ou comparaison, quand on est de retour. Les deux villes anglaises, au ras d'un souvenir s'effacent, avec leurs reliquaires de savoir, flèches enfin ; par une perspective, me laissant, dira-t-on, terre à terre : n'importe, si le sol est le nôtre et que j'y découvre ce noble pécule.

1894.

Plusieurs paragraphes de ce bref essai furent par moi, je dirais, développés juridiquement, au FIGARO du 17 août, en l'article ci-après.

Citations, page 11 à page 13 ; et —

*
* *

Passer de cette rêverie tout à coup au fait, exige quelques mots, décisifs, comme les présente un journal : car cela importe, en vue du succès, que la motion vienne de la Presse pour saisir le Parlement. Il s'agit d'une retouche, faite afin d'en éclairer le sens, à la loi qui régit momentanément notre Domaine public.

Tout le monde sait et je rappelle sans

détails, qu'un dispositif, unique en la législation, limite à cinquante ans, après la mort des écrivains, le revenu attribué à leurs ouvrages.

Je ne repousse pas cette coutume, elle crée, contre — j'aimerais que ce fût pour — la Littérature, une exception qui convient. Le génie, du reste, se servit de la langue, et des idées en cours, avant d'y mettre le sceau.

La loi s'arrête, plutôt, à moitié de son dessein, qui lui reste caché.

Si elle suspend l'hérédité, dans la circonstance, ou la retire aux descendants ordinaires, est-ce pour la supprimer? J'établis que cela ne se produit pas. L'éditeur qui donne, aujourd'hui, les œuvres de Racine, se trouve un peu l'héritier du poëte quand il bénéficie de la faveur acquise à de nobles vers. La preuve — qu'avec une ingéniosité pareille déployée dans la fabrication du livre, l'affaire tombe à un rapport moindre, si la réimpression est celle de Pradon. J'ai espoir que quelqu'un ne va se récrier : « Avoir choisi entre les chantres des deux *Phèdre* précisément, voilà motif à gain, le flair ! »

Il résulte que le commerçant hérite, ou touche, en plus de son mérite personnel, sur la valeur intrinsèque et publique de l'écrit : car c'est, autant que la sublimité, l'admiration accumulée par les lecteurs qui gonfle un grand nom.

Ainsi la loi ne supprime pas l'hérédité, par la raison qu'elle ne peut, l'héritage déviant aux mains d'un tiers, ou de plusieurs exempts de titres ; mais elle se propose de l'interrompre.

— Pour opérer un transfert.

Au profit de qui, certainement, cela aura

lieu, sans intrusion. Vous entrevoyez ici les légataires idéals, substitués à la filiation directe ou par le sang. Il y a, au surplus, dans le cas littéraire, la particularité que l'auteur illustre n'a pas joui toujours, en son vivant, ni les siens, de rémunération. L'avantage, s'il lui fut soustrait, va, cette fois, à ceux qui continuent, fils lointains, sa pensée.

Pas d'autre explication à cette saute dans la transmission d'une propriété valable au même égard que toutes.

Je m'incline devant l'intention que je reconnais juste.

Qui scruta le mirage de l'Immortalité sait bien qu'elle consiste, outre le salut indifférent de la foule future, dans le culte, renouvelé par quelques jeunes gens, au début de la vie. Cette élite qui rompt, par zèle, avec les carrières convenues, encourt souvent la peine et l'hésitation : de qui, mieux ou plus fièrement, accepter l'aide, que d'aïeux par l'intelligence, dont elle tient sa vocation ?

*
* *

L'État ne doit se désintéresser, entièrement, d'une source, très pure, d'honneur national, et il n'est pas à même d'y employer les deniers publics. Voilà, indiqué un joint.

Les moyens de perception et de distribution à la fois de ce patrimoine, caduc, bientôt appelé le « Fonds littéraire », quels seront-ils ? Rien ne presse de les détailler. Avant tout, convenait de poser le principe ; mais je sais que, dans maint cas, l'évidence se fait aussi de la certitude d'un fonctionnement possible. Du vague, concernant l'application, gênerait. Le mécanisme existe, je montrerai comment, pour satisfaire jusqu'à la curiosité.

La taxe, légère, prélevée sur les rééditions même scolaires, suppose la comptabilité d'un bureau spécial annexé, s'il faut, au Dépôt des Livres que possède le ministère de l'Intérieur. N'en préférez-vous pas, décorativement ou pour une signification plus belle, la place dans le palais même du Livre, à la Bibliothèque Nationale ?

Le rendement doit atteindre les débutants, par le soin de littérateurs, leurs aînés, représentation impartiale du passé. Soit en forme de prix décernés pour des travaux notoires, ou de facilités à la publication d'ouvrages manuscrits. L'usage n'est pas si étranger à l'Académie, dans le premier cas, du moins, que cette assemblée ne semble désignée pour l'étendre au second. Le haut rouage est là; ou peut se remplacer par un comité, au recrutement simple.

Le seul mauvais vouloir opposable, par qui — quelques lésés? fera défaut, parce que vraiment ils ne sont pas. Je doute ici présumer de la délicatesse reconnue à la majorité des éditeurs, en affirmant que nul d'entre eux ne s'élèvera contre un impôt, au reste, minime; dirai-je qu'ils remercieront ? Peut-être, attendu que le privilège toléré par une législation incomplète tourne à l'abus. L'occasion est offerte d'acheter, à prix modique, une situation tout à fait digne d'éloges. Je demande au journal qui prête appui à ce projet en l'énonçant, d'aller plus loin même et, par ses *interviews*, de solliciter l'avis intéressant d'une corporation à laquelle lui et moi voulons du bien.

Comme argument péremptoire, quelque chose prévaudrait — si ce n'était, dans un article presque d'affaires, l'introduction déplacée d'une image. Voyez-y plutôt une assimilation d'ordre administratif. Le Domaine public, dont il a été parlé, représente, en l'espèce, parfaitement, la place publique ou quelque édifice. Le lieu relève de la masse des citoyens, il n'est de fait, à aucun. On ne trafique là, pour son propre compte, sans s'exécuter. Le spéculateur, qui convoque le peuple à témoigner de son industrie sur le terrain commun, cesse d'être un de tous et acquitte un droit.

LA MUSIQUE ET LES LETTRES

A Oxford le 1ᵉʳ mars, le 2 à Cambridge, j'eus occasion de prononcer cette page, différemment.

La Taylorian Association *inaugurait une suite étrangère d'auditions, qui désigne nos littérateurs. Je n'oublie.. Quel honneur avivé de bonne grâce me fit mon ami, de trois jours et toujours, l'historien York Powel, de* Christ Church. *La veille il voulut lire, en mon lieu, à cause de ma terreur* devant la clause locale, sa traduction admirable d'un jet conduite en plusieurs heures de nuit. Le charme, et la certitude, de l'entreprise, étaient répandus, dès cet instant : aussi, attribué-je, à un égard rétrospectif pour ce maître, l'intérêt saluant la démarche que, le lendemain, je devais en personne. J'ai pu me figurer l'heure d'une fin de jour d'hiver, aux vastes fenêtres, pas l'ennui, qui frappa latéralement une compagnie avec goût composée.

Quant au PEMBROKE COLLEGE — Poe eût lecturé, devant Whistler. Soir. L'immense, celle du bow-window, draperie, au dos *de l'orateur debout contre un siège et à une table qui porte l'argent d'une paire puissante de candélabres, seuls, sous leurs feux. Le mystère : inquiétude que, peut-être, on le déversa; et l'élite rendant, en l'ombre, un bruit d'attention respiré comme, autour de visages, leur voile. Décor, du coup dorénavant trouvé, Charles Whibley, par votre frère le cher* Dun, *à ce jeu qui reste transmission de rêveries entre un et quelques-uns.*

MESDAMES, MESSIEURS

Jusqu'ici et depuis longtemps, deux nations, l'Angleterre, la France, les seules, parallèlement ont montré la superstition d'une Littérature. L'une à l'autre tendant avec magnanimité le flambeau, ou le retirant et tour à tour éclaire l'influence; mais c'est l'objet de ma constatation, moins cette alternative (expliquant un peu une présence, parmi vous, jusqu'à y parler ma langue) que, d'abord, la visée si spéciale d'une continuité dans les chefs-d'œuvre. A nul égard, le génie ne peut cesser d'être exceptionnel, altitude de fronton inopinée dont dépasse l'angle ; cependant, il ne projette, comme partout ailleurs, d'espaces vagues ou à l'abandon, entretenant au contraire une ordonnance et presque un remplissage admirable d'édicules moindres, colonnades, fontaines, statues — spirituels — pour produire, dans un ensemble, quelque palais ininterrompu et ouvert à la royauté de chacun, d'où naît le goût des patries : lequel en le double cas, hésitera, avec délice, devant une rivalité d'architectures comparables et sublimes.

Un intérêt de votre part, me conviant à des renseignements sur quelques circonstances de notre état littéraire, ne le fait pas à une date oiseuse.

J'apporte en effet des nouvelles. Les plus surprenantes. Même cas ne se vit encore.

— On a touché au vers.

Les gouvernements changent ; toujours la prosodie reste intacte : soit que, dans les révolutions, elle passe inaperçue ou que l'attentat ne s'impose pas avec l'opinion que ce dogme dernier puisse varier.

Il convient d'en parler déjà, ainsi qu'un invité voyageur tout de suite se décharge par traits haletants du témoignage d'un accident su et le poursuivant : en raison que le vers est tout, dès qu'on écrit. Style, versification s'il y a cadence et c'est pourquoi toute prose d'écrivain fastueux, soustraite à ce laisser-aller en usage, ornementale, vaut en tant qu'un vers rompu, jouant avec ses timbres et encore les rimes dissimulées ; selon un thyrse plus complexe. Bien l'épanouissement de ce qui naguères obtint le titre de *poème en prose*.

Très strict, numérique, direct, à jeux conjoints, le mètre, antérieur, subsiste ; auprès.

Sûr, nous en sommes là, présentement. La séparation.

Au lieu qu'au début de ce siècle, l'ouïe puissante romantique combina l'élément jumeau en ses ondoyants alexandrins, ceux à coupe ponctuée et enjambements ; la fusion se défait vers l'intégrité. Une heureuse trouvaille avec quoi paraît à peu près close la recherche d'hier, aura été le *vers libre*, modulation (dis-je, souvent) individuelle, parce que toute âme est un nœud rythmique.

Après, les dissensions. Quelques initiateurs, il le fallait, sont partis loin, pensant en avoir fini avec un canon (que je nomme, pour sa garantie) officiel : il restera, aux grandes cérémonies. Audace, cette désaffectation, l'unique ; dont rabattre..

Ceux qui virent tout de mauvais œil estiment que du temps probablement vient d'être perdu.

Pas.

A cause que de vraies œuvres ont jailli, indépendamment d'un débat de forme et, ne les reconnût-on, la qualité du silence, qui les remplacerait, à l'entour d'un instrument surmené, est précieuse. Le vers, aux occasions, fulmine, rareté (quoiqu'ait été à l'instant vu que tout, mesuré, l'est): comme la Littérature, malgré le besoin, propre à vous et à nous, de la perpétuer dans chaque âge, représente un produit singulier. Surtout la métrique française, délicate, serait d'emploi intermittent: maintenant, grâce à des repos balbutiants, voici que de nouveau peut s'élever, d'après une intonation parfaite, le vers de toujours, fluide, restauré, avec des compléments peut-être suprêmes.

Orage, lustral ; et, dans des bouleversements, tout à l'acquit de la génération récente, l'acte d'écrire se scruta jusqu'en l'origine. Très avant, au moins, quant à un point, je le formule : — A savoir s'il y a lieu d'écrire. Les monuments, la mer, la face humaine, dans leur plénitude, natifs, conservant une vertu autrement attrayante que ne les voilera une description, évocation dites, allusion je sais, suggestion : cette terminologie quelque peu de hasard atteste la tendance, une très décisive, peut-être, qu'ait subie l'art littéraire, elle le borne et l'exempte. Son sortilège, à lui, si ce n'est libérer, hors d'une poignée de poussière ou réalité sans l'enclore, au livre. même comme texte, la dispersion volatile soit l'esprit, qui n'a que faire de rien outre la musicalité de tout.

Ainsi, quant au malaise ayant tantôt sévi, ses accès prompts et de nobles hésitations ; déjà vous en savez autant qu'aucun.

Faut-il s'arrêter là et d'où ai-je le sentiment que je suis venu relativement à un sujet beaucoup plus vaste peut-être à moi-même inconnu, que telle rénovation de rites et de rimes ; pour y atteindre, sinon le traiter. Tant de bienveillance comme une invite à parler sur ce que j'aime ; aussi la considérable appréhension d'une attente étrangère, me ramènent on ne sait quel ancien souhait maintes fois dénié par la solitude, quelque soir prodigieusement de me rendre compte à fond et haut de la crise idéale qui, autant qu'une autre, sociale, éprouve certains : ou, tout de suite, malgré ce qu'une telle question devant un auditoire voué aux élégances scripturales a de soudain, poursuivre : — Quelque chose comme les Lettres existe-t-il ; autre (une convention fut, aux époques classiques, cela) que l'affinement, vers leur expression burinée, des notions, en tout domaine. L'observance qu'un architecte, un légiste, un médecin pour parfaire la construction ou la découverte, les élève au discours : bref, que tout ce qui émane de l'esprit, se réintègre. Généralement, n'importe les matières.

Très peu se sont dressé cette énigme, qui assombrit, ainsi que je le fais, sur le tard, pris par un brusque doute concernant ce dont je voudrais parler avec élan. Ce genre d'investigation peut-être a été éludé, en paix, comme dangereux, par ceux-là qui, sommés d'une faculté, se ruèrent à son injonction ; craignant de la diminuer au clair de la réponse. Tout dessein dure ; à quoi on impose d'être par une foi ou des facilités, qui font que c'est, selon soi. Admirez le berger, dont la voix, heurtée à des rochers malins jamais ne lui revient selon le trouble d'un ricanement. Tant mieux : il y a d'autre part aise, et maturité, à demander un soleil, même couchant, sur les causes d'une vocation.

Or, voici qu'à cette mise en demeure extraordinaire, tout à l'heure, révoquant les titres d'une fonction notoire, quand s'agissait, plutôt, d'enguirlander l'autel; à ce subit envahissement, comme d'une sorte indéfinissable de défiance (pas même devant mes forces), je réponds par une exagération, certes, et vous en prévenant. — Oui, que la Littérature existe et, si l'on veut, seule, à l'exclusion de tout. Accomplissement, du moins, à qui ne va nom mieux donné.

Un homme peut advenir, en tout oubli — jamais ne sied d'ignorer qu'exprès — de l'encombrement intellectuel chez les contemporains; afin de savoir, selon quelque recours très simple et primitif, par exemple la symphonique équation propre aux saisons, habitude de rayon et de nuée ; deux remarques ou trois d'ordre analogue à ces ardeurs, à ces intempéries par où notre passion relève des divers ciels : s'il a, recréé par lui-même, pris soin de conserver de son débarras strictement une piété aux vingt-quatre lettres comme elles se sont, par le miracle de l'infinité, fixées en quelque langue la sienne, puis un sens pour leurs symétries, action, reflet, jusqu'à une transfiguration en le terme surnaturel, qu'est le vers ; il possède, ce civilisé édennique, au-dessus d'autre bien, l'élément de félicités, une doctrine en même temps qu'une contrée. Quand son initiative, ou la force virtuelle des caractères divins lui enseigne de les mettre en œuvre.

Avec l'ingénuité de notre fonds, ce legs, l'orthographe, des antiques grimoires, isole, en tant que Littérature, spontanément elle, une façon de noter. Moyen, que plus ! principe. Le tour de telle phrase ou le lac d'un distique, copiés sur notre conformation, aident l'éclosion, en nous, d'aperçus et de correspondances.

Strictement j'envisage, écartés vos folios d'études, rubriques, parchemin, la lecture comme une pratique désespérée. Ainsi toute industrie a-t-elle failli à la fabrication du bonheur, que l'agencement ne s'en trouve à portée : je connais des instants où quoi que ce soit, au nom d'une disposition secrète, ne doit satisfaire.

Autre chose.. ce semble que l'épars frémissement d'une page ne veuille sinon surseoir ou palpite d'impatience, à la possibilité d'autre chose.

Nous savons, captifs d'une formule absolue, que, certes, n'est que ce qui est. Incontinent écarter cependant, sous un prétexte, le leurre, accuserait notre inconséquence, niant le plaisir que nous voulons prendre : car cet *au-delà* en est l'agent, et le moteur dirais-je si je ne répugnais à opérer, en public, le démontage impie de la fiction et conséquemment du mécanisme littéraire, pour étaler la pièce principale ou rien. Mais, je vénère comment, par une supercherie, on projette, à quelque élévation défendue et de foudre! le conscient manque chez nous de ce qui là-haut éclate.

A quoi sert cela —

A un jeu.

En vue qu'une attirance supérieure comme d'un vide, nous avons droit, le tirant de nous par de l'ennui à l'égard des choses si elles s'établissaient solides et prépondérantes — éperdument les détache jusqu'à s'en remplir et aussi les douer de resplendissement, à travers l'espace vacant, en des fêtes à volonté et solitaires.

Quant à moi, je ne demande pas moins à l'écriture et vais prouver ce postulat.

La Nature a lieu, on n'y ajoutera pas ; que des cités, les voies ferrées et plusieurs inventions formant notre matériel.

Tout l'acte disponible, à jamais et seulement, reste de saisir les rapports, entre temps, rares ou multipliés ; d'après quelque état intérieur et que l'on veuille à son gré étendre, simplifier le monde.

A l'égal de créer : la notion d'un objet, échappant, qui fait défaut.

Semblable occupation suffit, comparer les aspects et leur nombre tel qu'il frôle notre négligence : y éveillant, pour décor, l'ambiguïté de quelques figures belles, aux intersections. La totale arabesque, qui les relie, a de vertigineuses sautes en un effroi que reconnue; et d'anxieux accords. Avertissant par tel écart, au lieu de déconcerter, ou que sa similitude avec elle-même, la soustraie en la confondant. Chiffration mélodique tue, de ces motifs qui composent une logique, avec nos fibres. Quelle agonie, aussi, qu'agite la Chimère versant par ses blessures d'or l'évidence de tout l'être pareil, nulle torsion vaincue ne fausse ni ne transgresse l'omniprésente Ligne espacée de tout point à tout autre pour instituer l'Idée; sinon sous le visage humain, mystérieuse, en tant qu'une Harmonie est pure.

Surprendre habituellement cela, le marquer, me frappe comme une obligation de qui déchaîna l'Infini ; dont le rythme, parmi les touches du clavier verbal, se rend, comme sous l'interrogation d'un doigté, à l'emploi des mots, aptes, quotidiens.

Avec véracité, qu'est-ce, les Lettres, que cette mentale poursuite, menée, en tant que le discours, afin de définir ou de faire, à l'égard de soi-même, preuve que le spectacle répond à une imaginative compréhension, il est vrai, dans l'espoir de s'y mirer.

Je sais que la Musique ou ce qu'on est convenu de nommer ainsi, dans l'acception ordinaire, la limitant aux exécutions concertantes avec le secours, des cordes, des cuivres et des bois et cette licence, en outre, qu'elle s'adjoigne la parole, cache une ambition, la même ; sauf à n'en rien dire, parce qu'elle ne se confie pas volontiers. Par contre, à ce tracé, il y a une minute, des sinueuses et mobiles variations de l'Idée, que l'écrit revendique de fixer, y eut-il, peut-être, chez quelques-uns de vous, lieu de confronter à telles phrases une réminiscence de l'orchestre ; où succède à des rentrées en l'ombre, après un remous soucieux, tout à coup l'éruptif multiple sursautement de la clarté, comme les proches irradiations d'un lever de jour : vain, si le langage, par la retrempe et l'essor purifiants du chant, n'y confère un sens.

Considérez, notre investigation aboutit : un échange peut, ou plutôt il doit survenir, en retour du triomphal appoint, le verbe, que coûte que coûte ou plaintivement à un moment même bref accepte l'instrumentation, afin de ne demeurer les forces de la vie aveugles à leur splendeur, latentes ou sans issue. Je réclame la restitution, au silence impartial, pour que l'esprit essaie à se rapatrier, de tout — chocs, glissements, les trajectoires illimitées et sûres, tel état opulent aussitôt évasif, une inaptitude délicieuse à finir, ce raccourci, ce trait — l'appareil ; moins le tumulte des sonorités, transfusibles, encore, en du songe.

Les grands, de magiques écrivains, apportent une persuasion de cette conformité.

Alors, on possède, avec justesse, les moyens réciproques du Mystère — oublions la vieille distinction, entre la Musique et les Lettres, n'étant que le partage, voulu, pour sa rencontre ultérieure, du cas premier : l'une évocatoire de prestiges situés à ce point de l'ouïe et presque de la vision abstrait, devenu l'entendement ; qui, spacieux, accorde au feuillet d'imprimerie une portée égale.

Je pose, à mes risques esthétiquement, cette conclusion (si par quelque grâce, absente, toujours, d'un exposé, je vous amenai à la ratifier, ce serait pour moi l'honneur cherché ce soir) : que la Musique et les Lettres sont la face alternative ici élargie vers l'obscur ; scintillante là, avec certitude, d'un phénomène, le seul, je l'appelai l'Idée.

L'un des modes incline à l'autre et y disparaissant, ressort avec emprunts : deux fois, se parachève, oscillant, un genre entier. Théâtralement, pour la foule qui assiste, sans conscience, à l'audition de sa grandeur : ou, l'individu requiert la lucidité, du livre explicatif et familier.

Maintenant que je respire dégagé de l'inquiétude, moindre que mon remords pour vous y avoir initiés, celle, en commençant un entretien, de ne pas se trouver certain si le sujet, dont on veut discourir, implique une authenticité, nécessaire à l'acceptation ; et que, ce fondement, du moins, vous l'accordâtes, par la solennité de votre sympathie pendant que se hâtaient, avec un cours fatal et quasi impersonnel des divulgations, neuves pour moi ou durables si on y acquiesce : il me paraît qu'inespérément je vous aperçois en plus d'intimité, selon le vague dissipé. Alors causer comme entre gens, pour qui le charme fut de se réunir, notre dessein, me séduirait ; pardon d'un retard à m'y complaire : j'accuse l'ombre sérieuse qui fond, des nuits de votre ville où règne la désuétude de tout excepté de penser, vers cette salle particulièrement sonore au rêve. Ai-je, quand s'offrait une causerie, disserté, ajoutant cette suite à vos cours des matinées ; enfin, fait une leçon ? La spécieuse appellation de chef d'école vite décernée par la rumeur à qui s'exerce seul et de ce fait groupe les juvéniles et chers désintéressements, a pu, précédant votre « *lecturer* », ne sonner faux. Rien pourtant ; certes, du tout. Si reclus que médite dans le laboratoire de sa dilection, en mystagogue, j'accepte, un, qui joue sa part sur quelques rêveries à déterminer ; la démarche capable de l'en tirer, loyauté, presque devoir, s'impose d'épancher à l'adolescence une ferveur tenue d'aînés ; j'affectionne cette habitude : il ne faut, dans mon pays ni au vôtre, convînmes-nous, qu'une lacune se déclare dans la succession du fait littéraire, même un désaccord. Renouer la tradition à des souhaits précurseurs, comme une hantise m'aura valu de me retrouver peu dépaysé, ici ; devant cette assemblée de maîtres illustres et d'une jeune élite.

A bon escient, que prendre, pour notre distraction si ce n'est la comédie, amusante jusqu'au quiproquo, des malentendus ?

Le pire, sans sortir d'ici-même, celui-là fâcheux, je l'indique pour le rejeter, serait que flottât, dans cette atmosphère, quelque déception née de vous, Mesdames et mes vaillantes auditrices. Si vous avez attendu un commentaire murmuré et brillant à votre piano ; ou encore me vîtes-vous, peut-être, incompétent sur le cas de volumes, romans, feuilletés par vos loisirs. A quoi bon : toutes, employant le don d'écrire, à sa source? Je pensais, en chemin de fer, dans ce déplacement, à des chefs-d'œuvre inédits, la correspondance de chaque nuit, emportée par les sacs de poste, comme un chargement de prix, par excellence, derrière la locomotive. Vous en êtes les auteurs privilégiés ; et je me disais que, pour devenir songeuses, éloquentes ou bonnes aussi selon la plume et y susciter avec tous ses feux une beauté tournée au-dedans, ce vous est superflu de recourir à des considérations abstruses : vous détachez une blancheur de papier, comme luit votre sourire, écrivez, voilà.

La situation, celle du poëte, rêvé-je d'énoncer, ne laisse pas de découvrir quelque difficulté, ou du comique.

Un lamentable seigneur exilant son spectre de ruines lentes à l'ensevelir, en la légende et le mélodrame, c'est lui, dans l'ordre journalier: lui, ce l'est, tout de même, à qui on fait remonter la présentation, en tant qu'explosif, d'un concept trop vierge, à la Société.

Des coupures d'articles un peu chuchotent ma part, oh! pas assez modeste, au scandale que propage un tome, paraît-il, le premier d'un libelle obstiné à l'abatage des fronts principaux d'aujourd'hui presque partout; et la fréquence des termes d'idiot et de fou rarement tempérés en imbécile ou dément, comme autant de pierres lancées à l'importunité hautaine d'une féodalité d'esprit qui menace apparamment l'Europe, ne serait pas de tout point pour déplaire; eu égard à trop de bonne volonté, je n'ose la railler, chez les gens, à s'enthousiasmer en faveur de vacants symptômes, tant n'importe quoi veut se construire. Le malheur, dans l'espèce, que la science s'en mêle; ou qu'on l'y mêle. *Dégénérescence*, le titre, *Entartung*, cela vient d'Allemagne, est l'ouvrage, soyons explicite, de M. Nordau : je m'étais interdit, pour garder à des dires une généralité, de nommer personne et ne crois pas avoir, présentement, enfreint mon souci. Ce vulgarisateur a observé un fait. La nature n'engendre le génie immédiat et complet, il répondrait au type de l'homme et ne serait aucun ; mais pratiquement, occultement touche d'un pouce indemne, et presque l'abolit, telle faculté, chez celui, à qui elle propose une munificence contraire : ce sont là des arts pieux ou de maternelles perpétrations conjurant une clairvoyance de critique et de juge exempte non de tendresse. Suivez, que se passe-t-il ?

Tirant une force de sa privation, croît, vers des intentions plénières, l'infirme élu, qui laisse, certes, après lui, comme un innombrable déchet, ses frères, cas étiquetés par la médecine ou les bulletins d'un suffrage le vote fini. L'erreur du pamphlétaire en question est d'avoir traité tout comme un déchet. Ainsi il ne faut pas que des arcanes subtils de la physiologie, et de la destinée, s'égarent à des mains, grosses pour les manier, de contremaître excellent ou de probe ajusteur. Lequel s'arrête à mi-but et voyez! pour de la divination en sus, il aurait compris, sur un point, de pauvres et sacrés procédés naturels et n'eût pas fait son livre.

L'injure, opposée, bégaie en des journaux, faute de hardiesse : un soupçon prêt à poindre, pourquoi la réticence ? Les engins, dont le bris illumine les parlements d'une lueur sommaire, mais estropient, aussi à faire grand'pitié, des badauds, je m'y intéresserais, en raison de la lueur — sans la brièveté de son enseignement qui permet au législateur d'alléguer une définitive incompréhension ; mais j'y récuse l'adjonction de balles à tir et de clous. Tel un avis ; et, incriminer de tout dommage ceci uniquement qu'il y ait des écrivains à l'écart tenant, ou pas, pour le vers libre, me captive, surtout par de l'ingéniosité. Près, eux, se réservent, au loin, comme pour une occasion, ils offensent le fait divers : que dérobent-ils, toujours jettent-ils ainsi du discrédit, moins qu'une bombe, sur ce que de mieux, indisputablement et à grands frais, fournit une capitale comme rédaction courante de ses apothéoses : à condition qu'elle ne le décrète pas dernier mot, ni le premier, relativement à certains éblouissements, aussi, que peut d'elle-même tirer la parole. Je souhaiterais qu'on poussât un avis jusqu'à délaisser l'insinuation ; proclamant, salutaire, la retraite chaste de plusieurs. Il importe que dans tout concours de la multitude quelque part vers l'intérêt, l'amusement, ou la commodité, de rares amateurs, respectueux du motif commun en tant que façon d'y montrer de l'indifférence, instituent par cet air à côté, une minorité ; attendu, quelle divergence que creuse le conflit furieux des citoyens, tous, sous l'œil souverain, font une unanimité — d'accord, au moins, que ce à propos de quoi on s'entre-dévore, compte : or, posé le besoin d'exception, comme de sel ! la vraie qui, indéfectiblement, fonctionne, gît dans ce séjour de quelques esprits, je ne sais, à leur éloge, comment les désigner, gratuits, étrangers, peut-être vains — ou littéraires.

Nulle — la tentative d'égayer un ton, plutôt sévère, que prit l'entretien et sa pointe de dogmatisme, par quelque badinage envers l'incohérence dont la rue assaille quiconque, à part le profit, thésaurise les richesses extrêmes, ne les gâche : est-ce miasme ou que, certains sujets touchés, en persiste la vibration grave ? mais il semble que ma pièce d'artifice, allumée par une concession ici inutile, a fait long feu.

Préférablement.

Sans feinte, il me devient loisible de terminer, avec impénitence ; gardant un étonnement que leur cas, à tels poëtes, ait été considéré, seulement, sous une équivoque pour y opposer inintelligence double.

Tandis que le regard intuitif se plaît à discerner la justice, dans une contradiction enjoignant parmi l'ébat, à maîtriser, des gloires en leur recul — que l'interprête, par gageure, ni même en virtuose, mais charitablement, aille comme matériaux pour rendre l'illusion, choisir les mots, les aptes mots, de l'école, du logis et du marché. Le vers va s'émouvoir de quelque balancement, terrible et suave, comme l'orchestre, aile tendue ; mais avec des serres enracinées à vous. Là-bas, où que ce soit, nier l'indicible, qui ment.

Un humble, mon semblable, dont le verbe occupe les lèvres, peut, selon ce moyen médiocre, pas ! si consent à se joindre, en accompagnement, un écho inentendu, communiquer, dans le vocabulaire, à toute pompe et à toute lumière ; car, pour chaque, sied que la vérité se révèle, comme elle est, magnifique. Contribuable soumis, ensuite, il paie de son assentiment l'impôt conforme au trésor d'une patrie envers ses enfants.

Parce que, péremptoirement — je l'infère de cette célébration de la Poésie, dont nous avons parlé, sans l'invoquer presqu'une heure en les attributs de Musique et de Lettres : appelez-la Mystère ou n'est-ce pas? le contexte évolutif de l'Idée — je disais *parce que*..

Un grand dommage a été causé à l'association terrestre, séculairement, de lui indiquer le mirage brutal, la cité, ses gouvernements, le code, autrement que comme emblèmes ou, quant à notre état, ce que des nécropoles sont au paradis qu'elles évaporent : un terre-plein, presque pas vil. Péage, élections, ce n'est ici-bas, où semble s'en résumer l'application, que se passent, augustement, les formalités édictant un culte populaire, comme représentatives — de la Loi, sise en toute transparence, nudité et merveille.

Minez ces substructions, quand l'obscurité en offense la perspective, non — alignez-y des lampions, pour voir : il s'agit que vos pensées exigent du sol un simulacre.

Si, dans l'avenir, en France, ressurgit une religion, ce sera l'amplification à mille joies de l'instinct de ciel en chacun; plutôt qu'une autre menace, réduire ce jet au niveau élémentaire de la politique. Voter, même pour soi, ne contente pas, en tant qu'expansion d'hymne avec trompettes intimant l'allégresse de n'émettre aucun nom ; ni l'émeute, suffisamment, n'enveloppe de la tourmente nécessaire à ruisseler, se confondre, et renaître, héros.

Je m'interromps, d'abord en vue de n'élargir, outre mesure pour une fois, ce sujet où tout se rattache, l'art littéraire : et moi-même inhabile à la plaisanterie, voulant éviter, du moins, le ridicule à votre sens comme au mien (permettez-moi de dire cela tout un) qu'il y aurait, Messieurs, à vaticiner.

La transparence de pensée s'unifie, entre public et causeur, comme une glace, qui se fend, la voix tue : on me pardonnera si je collectionne, pour la lucidité, ici tels débris au coupant vif, omissions, conséquences, ou les regards inexprimés. Ce sera ces Notes.

PAGE 32 § 1

.. Comme partout ailleurs, d'espaces vagues.

Discontinuité en l'Italie, l'Espagne, du moins pour l'œil de dehors, ébloui d'un Dante, un Cervantes ; l'Allemagne même accepte des intervalles entre ses éclats.

Je maintiens le dire.

PAGE 34 § 2

.. La séparation.

Le vers par flèches jeté moins avec succession que presque simultanément pour l'idée, réduit la durée à une division spirituelle propre au sujet : diffère de la phrase ou développement temporaire, dont la prose joue, le dissimulant, selon mille tours.

A l'un, sa pieuse majuscule ou clé allitérative, et la rime, pour le régler : l'autre genre, d'un élan précipité et sensitif tournoie et se case, au gré d'une ponctuation qui disposée sur papier blanc, déjà y signifie.

Avec le vers libre (envers lui je ne me répéterai) on prose à coupe méditée, je ne sais pas d'autre emploi du langage que ceux-ci redevenus parallèles : excepté l'affiche, lapidaire, envahissant le journal — souvent elle me fit songer comme devant un parler nouveau et l'originalité de la Presse.

Les articles, dits premier-Paris, admirables et la seule forme contemporaine parce que de toute éternité, sont des poèmes, voilà, plus ou moins bien simplement ; riches, nuls, en cloisonné ou sur fond à la colle.

On a le tort critique, selon moi, dans les salles de rédaction, d'y voir un genre à part.

PAGE 36 § 1

.. A l'entour d'un instrument surmené, est précieuse.

Tout à coup se clôt par la liberté, en dedans, de l'alexandrin, césure à volonté y compris l'hémistiche, la visée, où resta le Parnasse, si décrié : il instaura le vers énoncé seul sans participation d'un souffle préalable chez le lecteur ou mû par la vertu de la place et de la dimension des mots. Son retard, avec un mécanisme à peu près définitif, de n'en avoir précisé l'opération ou la poétique. Que, l'agencement évoluât à vide depuis, selon des bruits perçus de volant et de courroie, trop immédiats, n'est pas le pis ; mais, à mon sens, la prétention d'enfermer, en l'expression, la matière des objets.

Le temps a parfait l'œuvre : et qui parle, entre nous, de scission ? Au vers impersonnel ou pur s'adaptera l'instinct qui dégage, du monde, un chant, pour en illuminer le rythme fondamental et rejette, vain, le résidu.

PAGE 36 § 1

.. Serait d'emploi intermittent.

Je ne blâme, ne dédaigne les périodes d'éclipse où l'art, instructif, a ceci que l'usure divulgue les pieuses manies de sa trame.

PAGE 45 § 4

.. En vue qu'une attirance supérieure..

Pyrotechnique non moins que métaphysique, ce point de vue; mais un feu d'artifice, à la hauteur et à l'exemple de la pensée, épanouit la réjouissance idéale.

PAGE 52 § 2

.. Requiert la lucidité, du livre explicatif et familier.

La vérité si on s'ingénie aux tracés, ordonne Industrie aboutissant à Finance, comme Musique à Lettres, pour circonscrire un domaine de Fiction, parfait terme compréhensif.
La Musique sans les Lettres se présente comme très subtil nuage : seules, elles, une monnaie si courante.
Il convenait de ne pas disjoindre davantage. Le titre, proposé à l'issue d'une causerie, jadis, devant le messager oxonien, indiqua *Music and Letters*, moitié de sujet, intacte : sa contrepartie sociale omise. Nœud de la harangue, me voici fournir ce morceau, tout d'une pièce,

aux auditeurs, sur fond de mise en scène ou de dramatisation spéculatives : entre les préliminaires cursifs et la détente de commérages ramenée au souci du jour précisément en vue de combler le manque d'intérêt extra-esthétique. — Tout se résume dans l'Estéthique et l'Économie politique.

Le motif traité d'ensemble (au lieu de scinder et offrir sciemment une fraction), j'eusse évité, encore, de gréciser avec le nom très haut de Platon; sans intention, moi, que d'un moderne venu directement exprimer comme l'arcane léger, dont le vêt, en public, son habit noir.

PAGE 65 § 2

.. Un humble, mon semblable.

Mythe, l'éternel : la communion, par le livre. A chacun part totale.

PAGE 67 § 2

.. Exigent du sol un simulacre.

Un gouvernement mirera, pour valoir, celui de l'univers; lequel, est-il monarchique, anarchique.. Aux conjectures.

La Cité, si je ne m'abuse en mon sens de citoyen, reconstruit un lieu abstrait, supérieur, nulle part situé, ici séjour pour l'homme. — Simple épure d'une grandiose aquarelle, ceci ne se lave, marginalement, en renvoi ou bas de page.

Quel goût pour démontrer (personne, irrésistiblement, n'a tant à dire à autrui!) j'y succombai une dernière fois ou couronne, avec les Universités Anglaises, un passé que le destin fit professoral. Aussi ce langage un peu d'aplomb.. je m'énonçais, en notre langue, pas ici.

La Conférence, cette fois lecture, mieux *Discours, me paraît un genre à déployer hors frontières. — Toi que voici chez nous parle, est-il indiqué par hommage, on accède.*

La littérature, d'accord avec la faim, consiste à supprimer le Monsieur qui reste en l'écrivant, celui-ci que vient-il faire, au vu des siens, quotidiennement?

Une somnolence reposant la cuiller en la soucoupe à thé, lu un article jusqu'à la fin dans quelque revue, vaut mieux, avec le coup d'œil clos que mitre la présence aux chenêts de pantoufles pour la journée ou le minuit. Mon avis, comme public ; et, explorateur revenu d'aucuns sables, pas curieux à regarder, si je cédais à parader dans mon milieu, le soin s'imposerait de prendre, en route, chez un fourreur, un tapis de jaguar ou de lion, pour l'étrangler, au début et ne me présenter qu'avec ce recul, dans un motif d'action, aux yeux de connaissance ou du monde.

TABLE

Déplacement avantageux. 1
La Musique et les Lettres. 25

LIBRAIRIE ACADÉMIQUE PERRIN ET Cie

SCHURÉ (Édouard). Les grands Initiés. Esquisse de l'histoire secrète des religions. — Rama. — Krishna. — Hermès. — Moïse. — Orphée. — Pythagore. — Platon. — Jésus. 1 vol. in-16 .... 3 50

— **Le drame musical**, avec une étude sur Parsifal ; t. I : la musique et la poésie dans leur développement historique ; t. II : Richard Wagner, son œuvre et son idée. 2 in-12 avec 2 pl. 7 »

— **Les grandes légendes de France.** Les légendes de l'Alsace, la Grande Chartreuse, le mont St-Michel et son histoire, les légendes de la Bretagne et le génie celtique. 1 v. in-12. 3 50

ROD (Édouard). La course à la mort. Nouv. édit. 1 vol. in-12. 3 50

— **Le sens de la vie** (cour. par l'Acad. franç.) 8e édition. 1 vol. in-12. 3 50

— **Les trois cœurs.** 2e édition. 1 vol. in-12 .... 3 50

— **Scènes de la vie cosmopolite.** 2e édition. 1 vol. in-12 .... 3 50

— **La Sacrifiée.** 5e éd. 1 v. in-12 3 50

— **La vie privée de Michel Teissier.** 5e édition. 1 vol. in-12. 3 50

— **Les idées morales du Temps présent.** 2e édit. 1 vol. in-12. 3 50

— ÉTUDES SUR LE XIXe SIÈCLE. **Giacomo Léopardi.** 1 v. in-12 3 50

WYZEWA (T. de). Valbert ou les Récits d'un jeune homme. 1 v. in-12. 3 50

— Contes chrétiens. **Le Baptême de Jésus.** Une plaq. in-32. 1 »

— Contes chrétiens. **Les disciples d'Emmaüs.** Une jolie plaquette in-32 .... 1 »

ESTAUNIÉ (Édouard). « Un Simple ». Roman. 1 vol. in-12. 3 50

— **« Bonne Dame ».** Roman. 1 vol. in-12 .... 3 50

— Impressions de Hollande. **Petits maîtres.** 1 vol. in-12. 3 50

MALLARMÉ (Stéphane). Vers et prose. Morceaux choisis. 2e édition. 1 vol. in-12 .... 3 50

BECKFORD. Vathek. Réimp. sur l'original français, av. préf. par Stéphane Mallarmé. 1 vol. in-12... 3 50

FAZY (Edmond). Louis II et Richard Wagner. 1 v. in-12. 3 50

CHARPENTIER (Armand). Une honnête femme. 1 v. in-12. 3 50

— **Une Courtisane.** 2e mille. 1 vol. in-12 .... 3 50

GERMAIN (Auguste). L'Agité. Roman. 1 vol. in-12 .... 3 50

— **« A toutes Brides ».** Roman. 1 vol. in-12 .... 3 50

TOLSTOÏ (Comte Léon). Katia. 12e édition. 1 vol. in-12.... 3 »

— **A la recherche du Bonheur.** 9e édition. 1 vol. in-12.... 3 »

— **La Mort.** 7e éd. 1 v. in-12. 3 »

— **Deux générations.** 4e édition. 1 vol. in-12 .... 3 »

— **Mes Mémoires.** 3e édition. 1 vol. in-12 .... 3 »

— **Polikouchka.** 4e éd. 1 v. in-12 3 »

— **La Puissance des Ténèbres.** 3e édition. 1 vol. in-12..... 3 »

— **Ivan l'Imbécile.** 2e édition. 1 vol. in-12 .... 3 »

— **Au Caucase.** 2e éd. 1 v. in-12. 3 »

— **Le prince Nekhlioudow.** 1 vol. in-12 .... 3 »

— **Le chant du Cygne.** 1 vol. in-12 .... 3 »

— **La Famine.** 1 vol. in-12. 3 50

DOSTOÏEWSKY. Les Étapes de la Folie. 1 vol. in-12..... 3 50

GONTCHAROFF (Ivan). Simple histoire. 2 vol. in-12...... 6 »

— **Oblomoff.** 1 vol. in-12... 3 »

CARMEN SYLVA. « Astra ». 2e édition. 1 vol. in-12..... 3 50

— **Le Roman d'une princesse.** 3e édition. 1 vol. in-12 3 50

— **Marié !** 3e éd. 1 vol. in-12. 3 50

FOLEY (Charles) « Risque-Tout ». 1 vol. in-12...... 3 50

— **Bonheur conquis.** 1 v. in-12 3 50

FOGAZZARO (A.). Le mystère du Poète. 1 vol. in-12.... 3 50

PROZOR (Comte). La Bohême diplomatique. 1 vol. in-12.. 3 50